# RECUEIL
DES
# USAGES LOCAUX

**particuliers au canton de Calais**

EN MATIÈRE CIVILE ET COMMERCIALE

COMPRENANT

LES TEXTES DES PROCÈS-VERBAUX DES COMMISSIONS DE 1855 ET 1862

CLASSÉS DANS L'ORDRE DU CODE

ET SUIVIS D'INDICATIONS SUR DES USAGES

NON CONSTATÉS OU MODIFIÉS,

PAR

FRÉDÉRIC LE ROY

Juge au Tribunal, Secrétaire-Rédacteur de la Chambre de Commerce.

PRIX : **1 fr. 25**

SAINT-PIERRE-LÈS-CALAIS

IMPRIMERIE DES ORPHELINS DE SAINT-PIERRE

12, QUAI DE L'EST, 12.

1880

# RECUEIL
DES
# USAGES LOCAUX

particuliers au canton de Calais

EN MATIÈRE CIVILE ET COMMERCIALE

COMPRENANT

LES TEXTES DES PROCÈS-VERBAUX DES COMMISSIONS DE 1855 ET 1862

CLASSÉS DANS L'ORDRE DU CODE

ET SUIVIS D'INDICATIONS SUR DES USAGES

NON CONSTATÉS OU MODIFIÉS,

PAR

FRÉDÉRIC LE ROY

Juge au Tribunal, Secrétaire-Rédacteur de la Chambre de Commerce.

1880

SAINT-PIERRE-LÈS-CALAIS

IMPRIMERIE DES ORPHELINS DE SAINT-PIERRE

12, QUAI DE L'EST. 12.

(Voir, à la fin, l'annonce du **Recueil de jurisprudence maritime et commerciale.**)

# AVANT-PROPOS.

L'énorme collection des lois, les codes, les décisions du Conseil d'État, les arrêts de la Cour de cassation et des Cours d'appel ne sont pas les seuls monuments du Droit français. Il faut y ajouter les usages dont l'autorité n'est pas contestable. « Le législateur renvoie lui-même « aux usages dans l'article 1873 du Code civil, et un avis du Conseil « d'État, en date du 13 décembre 1811, approuvé le 22, décide formel- « lement que les juges doivent les appliquer ; en outre, la loi du 15 sep- « tembre 1807, relative à l'exécution des dispositions du Code de com- « merce, n'abroge, par son article 2, que les lois anciennes, et ne « parle en aucune manière des usages. C'est qu'en effet le droit commer- « cial a toujours été un droit éminemment coutumier. » (RIVIÈRE, *Répétitions écrites sur le Code de commerce.*)

Voici, en manière de préface, la revue historique des textes qui ont servi à constater les usages de notre localité :

1°. — La Coutume de 1583. — *Covstvmes de la ville de Calais et Pays-Reconqvis, mises et rédigées par escrit, arrestées et publiées, en présence des gens des trois Estats de ladicte ville et pays susdit, par les Commissaires à ce dépvtez par le Roy. — A Paris, chez Iacques du Puis, libraire-juré, à la Samaritaine. MDLXXXIIII.*

Ce texte n'a plus guère qu'un intérêt archéologique, à part quelques-unes de ses dispositions, relatives aux distances et ouvrages intermédiaires requis pour certaines constructions, qui ont été adoptées par les Commissions de 1855 et 1862, et n'ont pas été abrogées.

2°. — Les procès-verbaux des délibérations de la Commission chargée de la constatation des usages locaux, en date des 11 janvier et 5 juillet 1805, en matière de locations mobilières et immobilières, de réparations locatives et de certaines obligations rurales. Cette commission était composée de MM. Croichet, juge de paix, président; Cordier, Leroy, conseillers au ci-devant siège de Calais; Guillain, Dufumier, Aubert, procureur; Hermel, huissier-audiencier; Yardin, huissier; François et Lemaire, notaires. Ces délibérations ont été publiées dans *l'Almanach de Calais* de 1848, et nous prions le lecteur de remarquer une faute d'impression qui pourrait conduire à une fausse interprétation, d'autant plus dangereuse que le sens n'est pas altéré. Page 79, ligne 31, au lieu de lire *peintures*, que l'on veuille bien lire *pentures*.

3°. — Le règlement déclaratif des usages concernant les jours de planche et frais de surestarie, le chargement et le déchargement des navires, dressé le 15 mai 1852, par MM. Louchez, président du Tribunal de commerce; A. Hermant, D. Le Roy, A. Lemoine, juges; L. Mallet et Dubout aîné, juges-suppléants, sur l'invitation adressée au Tribunal par la Chambre de commerce (lettre du 2 mars) dans le but de prévenir des difficultés et de fixer des règles certaines pour la solution de celles qui pourraient se présenter (1).

4°. — Le procès-verbal de la Commission de 1855, désignée par le Préfet du Pas-de-Calais, conformément aux instructions du Ministre de l'Agriculture, du Commerce et des Travaux publics, et composée de MM. Routier, juge de paix, président; J-C. Dupont, maire de Coquelles; Lemaire, notaire, et L. Devot, secrétaire. M. G. Lamarle, membre du Conseil-général, convoqué aux séances, n'avait pu assister aux délibérations. Ce travail fut l'objet de nombreuses critiques, soit à raison de certaines omissions, soit parce qu'on n'avait pas suffisamment tenu compte d'usages qui, depuis un demi-siècle, étaient venus se substituer en partie à ce qui se pratiquait précédemment. Il fut alors modifié et complété par :

5°. — Le procès-verbal de la Commission de 1862, composée de

(1) On ne prévoyait pas à cette époque l'importance des arrivages au port de Calais. En 1852, un navire de 600 tonneaux était une exception. Aujourd'hui qu'il en arrive de 12 à 1500 tonneaux, le réglement n'est plus en rapport avec l'importance du commerce. Un arrêté du Préfet du Pas-de-Calais, en date du 15 avril 1880, approuve une proposition de la Chambre de commerce, délibérée dans la séance du 2 juillet, et demandant la modification de ce règlement.

MM. Noël, juge de paix, président; L. Devot, secrétaire; A. Hermant, président du Tribunal de commerce; D. Le Roy, L'Ange, Fournier-Mangin, juges; Boulet, Dewailly-Louchez, suppléants; Herbelot, président du Conseil de prud'hommes; Lebeau, Darquer, avocats; Lelièvre-Dubrœuille, Isaac, Delsart, Masse, notaires; Pruvost, Fasquel, Blondel aîné, Blondel jeune, huissiers; Wiart, commissaire-priseur; De Rheims, bibliothécaire de la ville; Liévin Delhaye, maire de Calais; Legrand et Dubout aîné, adjoints; Leblond, maire de Saint-Pierre; Lecouffe et Cailliette, adjoints; Compiègne, maire des Attaques; Lavoine, adjoint; Boulanger, maire de Coulogne; Cordier de la Houssaye, adjoint; Dupont, maire de Coquelles; Boutroy-Parenty, adjoint; Boutroy, maire d'Escalles; Joly, adjoint; Sergeant, maire de Marck; Becquet, adjoint; Parenty, maire de Nielles; Barras, adjoint; Level, maire de Peuplingues; Déclemy, adjoint; Boulanger, maire de Saint-Tricât; Trouille, maire de Sangatte; Vieillard; de la Routtière, maire de Fréthun; Delannoy et H. Boutroy, adjoints; Isaac, maire de Bonningues; Robbe, adjoint; Robbe, greffier du Tribunal de paix; Ducattez, greffier du Tribunal de commerce; et Noyel, secrétaire du Conseil de prud'hommes.

C'est le procès-verbal de 1862 qui constate aujourd'hui les usages du canton. Pour mettre de l'ordre et de la clarté, qui manquaient à l'opuscule publié il y a quelques années, nous avons reproduit chaque paragraphe du procès-verbal de 1855, en le faisant suivre, comme commentaire, des observations de la Commission de 1862, et comme sanction, de l'usage qu'elle a consacré. Nous offrons à nos concitoyens ce travail qui, à vrai dire, n'est qu'une compilation. Plusieurs personnes expérimentées au bienveillant examen desquelles nous l'avons soumis, en ont reconnu l'utilité et l'ont approuvé. Dans son *Histoire de Calais*, à propos de la Coutume de 1583, Lefebvre fait ces judicieuses remarques, qui s'appliquent parfaitement à la connaissance de nos droits et de nos devoirs : « Rien ne mérite plus la connoissance « des concitoyens d'un pays que le code où sont compris les lois et les « usages sur lesquels leur fortune est établie, et dont l'intelligence « peut les mettre à portée de savoir à quoi ils doivent s'en tenir dans « les contestations qui surviennent sur leurs biens, dans les diffé- « rentes affaires qu'ils ont à traiter sur ce sujet. Rien, à mon avis, « ne seroit aussi plus avantageux que de faire de cette étude une partie « de l'éducation de la jeunesse, et de meubler, dès leurs premières

« années, leur mémoire (1) des articles que cette Coutume contient. « Les magistrats devroient y engager les professeurs de leur collège; « il en résulteroit que leurs enfants auroient employé une partie de « leur temps à se nourrir l'esprit de choses bien aussi essentielles que « celles qu'on leur apprend, mais qui ne sauroient y être un obstacle, « si l'on observoit d'y consacrer seulement un quart d'heure par jour « de cette étude. Les jeunes gens, en finissant le cours de leur édu- « cation dans un collége, seroient au fait, pour la suite de leur vie, « de ce qu'ils doivent à leur patrie, de ce que la loi leur permet ou « leur défend, de ce qu'elle leur accorde ou leur refuse, et ne seroient « point enfin, par ce moyen, dans la nécessité d'implorer la lumière « des gens de justice, ni de passer par les formes que la judicature « a imaginées, pour conserver une partie, et souvent la meilleure, « de leurs biens. » Paroles pleines de bon sens, que l'on croirait copiées de Montaigne. La connaissance du Droit est aujourd'hui infiniment plus répandue qu'à l'époque de Lefebvre, mais même à un point de vue moins élevé, les vœux qu'il exprimait ne sont pas déplacés, et cette brochure, tout élémentaire qu'elle soit, peut être utile, dans les circonstances ordinaires, à nos concitoyens. Nous souhaitons que la connaissance des règles posées leur profite, et nous espérons qu'une demande présentée aux tribunaux ne sera pas accueillie un jour par ce dispositif poétique mais peu consolant :

> Tenez, la cour vous donne à chacun une écaille,
> Sans dépens; et qu'en paix chacun chez soi s'en aille.

Malgré tous nos efforts, notre travail contient certainement des lacunes. Nous prions nos lecteurs de nous les signaler, soit pour améliorer la seconde édition, si celle-ci reçoit l'accueil que nous lui souhaitons, soit pour éclairer les magistrats appelés à se prononcer sur des causes pour lesquelles il n'existe pas de texte. Leurs observations seront reçues comme le témoignage d'un précieux encouragement.

*Mars 1880.*

(1) *Meubler la mémoire,* expression aussi juste que pittoresque. Le charme du vieux français n'est plus apprécié, sinon par les amateurs lettrés. L'emploi regrettable de l'à-peu-près a remplacé, au grand dommage de la clarté, caractère distinctif de notre langue, celui du mot juste. Mais Pascal est un réactionnaire.

# TITRE PREMIER.

## USAGES EN MATIÈRE CIVILE.

### Usufruit des bois.

*(Articles 590, 591, 593 du Code civil.)*

**590.** — Si l'usufruit contient des bois taillis, l'usufruitier est forcé d'observer l'ordre et la quotité des coupes, conformément à l'aménagement ou à l'**usage** constant des propriétaires ; sans indemnité toutefois, en faveur de l'usufruitier ou de ses héritiers, pour les coupes ordinaires, soit de taillis, soit de baliveaux, soit de futaie, qu'il n'aurait pas faites pendant sa jouissance. Les arbres qu'on peut tirer d'une pépinière sans la dégrader ne font aussi partie de l'usufruit qu'à la charge, par l'usufrutier, de se conformer aux **usages des lieux** pour le remplacement.

**591.** — L'usufruitier profite encore, toujours en se conformant aux époques et à **l'usage** des anciens propriétaires, des parties de bois de haute futaie qui ont été mises en coupes réglées, soit que ces coupes se fassent périodiquement sur une certaine étendue de terrain, soit qu'elles se fassent d'une certaine quantité d'arbres pris indistinctement sur toute la surface du domaine.

**593.** — Il peut prendre, dans les bois, des échalas pour les vignes ; il peut aussi prendre, sur les arbres, des produits annuels ou périodiques ; le tout suivant **l'usage du pays** ou la coutume des propriétaires.

Comme il n'existe pas, dans le canton de Calais, de bois proprement dits, aucun usage n'est établi quant aux droits de l'usufruitier des bois, et notamment à l'ordre et à la quotité des coupes des taillis et futaies, à la prise des échalas pour vignes, et à la jouissance des produits annuels et périodiques des arbres. Cependant, il faut dire que, par assimilation au fermier, l'usufruitier a droit au produit de la coupe des arbres étêtés, dits *têtards*, qui bordent les champs, et que cette coupe se fait dans l'usage tous les cinq ans pour les bois tendres, et tous les neuf ans pour les bois durs. A l'égard des arbres de haute futaie, Procès-verbal de 1855.

l'usufruitier et le fermier jouissent de la coupe des branches, jusqu'à la principale fourche ou couronne.

Observations de la Commission de 1862.

Ce paragraphe semble se rapporter à un usage suranné et tombé en désuétude. Il est de règle constante que le fermier coupe les bois à des époques beaucoup plus rapprochées et concordant avec les époques fixées pour la cessation de sa jouissance. La Commission le rectifia dans ce sens :

Usage constaté.

Comme il n'existe pas dans le canton de Calais de bois proprement dits, aucun usage n'est établi quant aux droits de l'usufruitier des bois, et notamment à l'ordre et à la quotité des coupes des taillis et futaies, à la prise des échalas pour vignes, et à la jouissance des produits annuels et périodiques des arbres. Cependant il faut dire que, par assimilation au fermier, l'usufruitier a droit au produit de la coupe des arbres étêtés, dits *têtards*, qui bordent les champs, et que cette coupe se fait dans l'usage tous les *trois* ans pour les bois tendres et tous les *six* ans pour les bois durs. A l'égard des arbres de haute futaie, l'usufruitier et le fermier jouissent de la coupe des branches, jusqu'à la principale fourche ou couronne (1).

## Eaux courantes.

*(Art. 645 du Code civil.)*

**645.** — S'il s'élève une contestation entre les propriétaires auxquels les eaux peuvent être utiles, les tribunaux, en prononçant, doivent concilier l'intérêt de l'agriculture avec le respect dû à la propriété ; et, dans tous les cas, les règlements particuliers et locaux sur le cours et l'usage des eaux doivent être observés.

Procès-verbal de 1855.

Le canton ne possède que fort peu d'eaux courantes, et tout

(1) D'après une attestation signée de dix personnes, l'usage de Balinghem accorderait à celui qui vend du bois et qui l'arrache lui-même le droit aux coupilles et aux débris (ou hâtillons) ; les coupilles sont les branches des arbres à haute tige, et ne portant pas marque. On comprend par marque tout ce qui a 22 centimètres de circonférence.

le régime des eaux s'y trouve réglementé par la législation sur les wattringues.

Ce paragraphe ne donnant lieu à aucune observation, la Commission de 1862 en adopta le texte sans modification. Usage constaté.

---

## Servitudes réglées par les lois sur la police rurale.

*(Art. 651 et 652 du Code civil.)*

**651.** — La loi assujettit les propriétaires à différentes obligations l'un à l'égard de l'autre, indépendamment de toute convention.

**652.** — Partie de ces obligations est réglée par les lois sur la police rurale : les autres sont relatives au mur et au fossé mitoyens, au cas où il y a lieu à contre-mur, aux vues sur la propriété du voisin, à l'égoût des toits, au droit de passage.

---

## 1° Vaine-pâture et parcours.

*(Loi du 6 octobre 1791, titre I. section IV, article 3.)*

**3.** — Le droit de vaine-pâture dans une paroisse, accompagné ou non de la servitude du parcours, ne pourra exister que dans les lieux où il est fondé sur un titre particulier, ou autorisé par la loi, ou par un **usage local** immémorial, et à la charge que la vaine-pâture n'y sera exercée que conformément aux règles et **usages locaux,** qui ne contrarieront point les réserves portées dans les articles suivants de la présente section.

La vaine-pâture est en usage dans tout le canton de Calais, en toute saison, sur les terres vaines et vagues, et après l'enlèvement des récoltes sur les terres en culture. Aucun arrêté relatif soit à la vaine-pâture, soit au parcours, n'est intervenu jusqu'à ce jour pour en réglementer l'exercice. Procès-verbal de 1855.

La Commission de 1855, en affirmant que cette servitude est en usage dans tout le canton, a pris ce qui n'est que le résultat d'une simple tolérance et des rapports de bon voisinage des propriétaires d'une même commune pour un droit que rien cependant ne consacre en faveur de tous les habitants indistinctement. La vérité est que la vaine-pâture n'existait pas dans le canton en 1791, et que dès lors elle n'a pu être rétablie depuis, puisque le législateur a déclaré Observations de Commission de 1862.

vouloir affranchir de cette servitude toutes les propriétés qui ne seraient pas grevées en vertu d'usages préexistants. Par suite d'objections, cette discussion, commencée dans la réunion du 12 avril, fut remise à à la séance du 26, et la Commission adopta un avis contraire à celui de 1855.

**Usage constaté.** La vaine-pâture n'existait pas dans le canton avant 1791, et n'a pu, dès lors, s'établir depuis.

---

## 2° Glanage.

*(Loi du 6 octobre 1791, titre 2, article 21.)*

**21.** — Les glaneurs, les rateleurs et les grapilleurs, dans les lieux où les **usages** de glaner, de rateler ou de grapiller sont reçus, n'entreront dans les champs, prés et vignes récoltés et ouverts, qu'après l'enlèvement entier des fruits. En cas de contravention, les produits du glanage, du ratelage et grapillage seront confisqués; et, suivant les circonstances, il pourra y avoir lieu à la détention de police municipale. Le glanage, le ratelage et le grapillage sont interdits dans tout enclos rural, tel qu'il est défini à l'art. VI de la quatrième section du premier titre du présent décret.

**Procès-verbal de 1855.** Le glanage est aussi en usage dans le canton, dans les champs de blé, seigle, etc.; mais rien n'autorise le chaumage soit dans les champs, soit dans ceux sur lesquels ont été récoltés des colzas et autres graines.

**Observations de la Commission de 1862.** L'usage du glanage des céréales existait dans tout le canton, sans contestation aucune, la Commission est unanime sur ce point; mais il n'en était pas de même quant au glanage, ou pour mieux dire au ratelage des fourrages, tels que trèfle, luzerne et warats.

Un jugement du Tribunal de simple police a condamné un propriétaire pour avoir mis la charrue dans son champ moins de deux jours après l'enlèvement d'une récolte de warats, et cependant deux arrêtés préfectoraux, en date des 18 juillet 1808 et 29 juin 1817, rappelés dans les circulaires des 23 août 1823, 13 juillet 1824, 1er août 1829 et 7 août 1858, défendent expressément le glanage dans les fourrages, qui, y est-il dit, n'a jamais été usité dans le pays.

En présence de ces arrêtés qui ont force de loi, et de la doctrine constante qui veut que l'usage ne puisse jamais prévaloir contre la loi, le juge ne pourrait se dispenser de condamner toute personne qui prétendrait glaner ou rateler dans un champ de fourrages contre la volonté du propriétaire.

Il est vrai que le jugement du Tribunal de simple police n'a été rendu que sur la déclaration unanime des maires des communes rurales, portant que le ratelage des warats était en usage dans le canton; mais pour concilier cette déclaration avec les arrêtés préfectoraux, il faut reconnaître que les maires ont confondu la simple tolérance avec la servitude légale, laquelle, si elle n'existait pas en 1791, n'a pu s'établir depuis.

Grâce aux procédés perfectionnés employés aujourd'hui pour les récoltes, le glanage n'a plus l'importance qu'il avait précédemment, et les sacrifices que s'imposent les habitants des communes rurales, pour nourrir leurs pauvres, ont fait disparaître en partie l'unité de cette servitude.

D'un autre côté, le Préfet a pu se tromper en niant, dans ses arrêtés, un usage qui aurait existé antérieurement, et ces actes, si respectables qu'ils soient, ne pourraient avoir pour effet d'enlever aux pauvres leur patrimoine, s'il leur était légitimement acquis, c'est-à-dire si l'exercice du glanage remontait à une date antérieure à 1791.

Cette question, comme l'assemblée l'a reconnu, n'était pas suffisamment étudiée; elle fut renvoyée à une autre séance pour être examinée de plus près, et il fut établi, dans la séance du 26 avril, que si l'usage du glanage des fourrages au rateau et des warats à la main est admis dans les communes du canton, ce n'est qu'à titre de tolérance complètement facultative de la part du propriétaire, mais nullement à titre d'usage constituant un droit acquis; qu'il n'est pas établi que la tolérance ait jamais eu ce caractère, et que, dès lors il n'est pas constaté qu'elle eût été constituée avant 1791; elle n'a pu l'acquérir depuis, surtout en présence des arrêtés préfectoraux. Cet opinion, mûrement délibérée comme on le voit, a été consacrée dans les termes suivants :

**Usage constaté.**

Le glanage est en usage dans le canton, dans les champs de blé, seigle, etc., mais rien n'autorise le chaumage, soit dans ces champs, soit dans ceux sur lesquels ont été récoltés les colzas et autres graines. Le ratelage est aussi formellement interdit.

## Hauteur des murs de clôture

*(Art. 663 du Code civil.)*

**663.** — Chacun peut contraindre son voisin, dans les villes et faubourgs, à contribuer aux constructions et réparations de la clôture faisant séparation de leurs maisons, cours et jardins, assis esdites villes et faubourgs ; la hauteur de la clôture sera fixée suivant les règlements particuliers, selon les **usages constants ou reconnus** ; et, à défaut d'usage et de règlement, tout mur de séparation entre voisins, qui sera construit ou rétabli à l'avenir, doit avoir au mois trente-deux décimètres (10 pieds) de hauteur, compris le chaperon, dans les villes de 50,000 âmes et au-dessus, de vingt-six décimètres (8 pieds) dans les autres.

Procès-verbal de 1855.

La Coutume de Calais (art. 195), fixe la hauteur des murs de clôture des maisons, cours et jardins situés dans la ville, à 9 pieds compris le chaperon.

Observations de la Commission de 1862.

Quelle portion de territoire peut-on, dans l'usage, considérer comme faisant partie de la ville de Saint-Pierre, pour lui imposer l'obligation de la clôture, (1) conformément à l'art. 663 du Code civil ? La Commission de 1862 répondit à cette question d'un de ses membres par la déclaration suivante : Une commune peut comprendre à la fois ville, village et hameau. Le mot *ville* ne s'applique qu'à un assemblage d'un grand nombre de maisons disposées par rues ; tout ce qui est séparé de l'agglomération forme ce qu'on appelle la banlieue. On ne saurait enlever à la banlieue de la ville de Saint-Pierre le caractère essentiellement rural qui la distingue. Cela est tellement reconnu par l'adminis-

(1) Une décision du Tribunal de paix, (17 juin 1857) suivant la jurisprudence de la Cour de cassation, a reconnu au propriétaire, appelé à contribuer à la construction d'un mur mitoyen, (*) la faculté de s'affranchir de cette obligation, en abandonnant la partie de terrain sur laquelle le mur doit être édifié, soit 11 centimètres d'après l'usage. (Voir un jugement du Tribunal de paix du 30 janvier 1880, *Lebrassin* contre *Sainte-Union*, confirmatif de cet usage.)

(*) Dans l'arrondissement de Dunkerque, la mitoyenneté des murs de clôture est indiquée par une niche pratiquée dans l'épaisseur de la mitoyenneté. Nous en avons vu ici un exemple dans la cour d'une maison située rue des Prêtres, à Calais, et appartenant à M. Morel, laitier.

tration, qu'elle a chargé des gardes-champêtres de la police de cette partie de la commune.

Aucun doute ne semble devoir exister quant aux limites de la ville proprement dite de Saint-Pierre, circonscrite au Nord par la zône militaire(1), à l'Est par le canal de Guînes, à l'Ouest par celui des Pierrettes, au Sud par le watergand du Midi. Cette appréciation fut confirmée par les termes de la délibération.

La Coutume de Calais, (art. 195) fixe la hauteur des murs de clôture des maisons, cours et jardins situés dans la ville, à neuf pieds (29 décimètres). Usage constaté

Les limites de la ville de Saint-Pierre-lès-Calais dans lesquelles la clôture est forcée sont : au Nord la zône militaire, à l'Est le canal de Guînes, à l'Ouest celui des Pierrettes, au Sud le watergand du Midi.

Sont considérés comme dépendant des faubourgs de cette ville, et soumises également à l'obligation de la clôture, les maisons bordant les routes de Marck et de Saint-Omer et la rive droite du canal de Guînes.

---

## Plantation des arbres à haute tige.

*(Art. 671 du Code civil.)*

**671.** — Il n'est permis de planter des arbres de haute tige qu'à la distance prescrite par les règlements particuliers actuellement existants, ou par les **usages constants et reconnus**, et, à défaut de règlement et usage, qu'à la distance de deux mètres de la ligne séparative des deux héritages pour les arbres à haute tige, et à la distance d'un demi-mètre pour les autres arbres et haies vives.

Aucun usage ne détermine la distance à observer pour la plantation des arbres à haute tige. Procès-verbal de 1855.

La Commission de 1862 ne fit aucune modification à ce paragraphe et en adopta le texte. Usage constaté

(1) La suppression prochaine des fortifications actuelles, en reportant plus loin la zône créée par la nouvelle enceinte, modifiera certainement ces limites.

Incidemment un membre demanda si, dans l'usage, un têtard est considéré comme un arbre à haute tige. Cette question doit être laissée à l'appréciation du juge, mais il faut remarquer qu'elle a toujours été résolue dans le sens de l'affirmative.

---

## Distances et ouvrages intermédiaires requis pour certaines constructions.

*(Art. 674 du Code civil.)*

**674.**— Celui qui fait creuser un puits ou une fosse d'aisance près d'un mur mitoyen ou non; — celui qui veut y construire cheminée, ou âtre, four ou fourneau; — y adosser une étable; — ou établir contre ce mur un magasin de sel ou amas de matières corrosives, — est obligé à laisser la distance prescrite par les réglements et **usages particuliers** sur ces objets, ou à faire les ouvrages prescrits par les mêmes règlements et **usages**, pour éviter de nuire au voisin.

Procès-verbal de 1855.

La Coutume de Calais détermine de la manière suivante les usages quant à la distance à observer et les ouvrages intermédiaires à exécuter pour certaines constructions :

« Art. CLXXIV. — Qui fait étable contre un mur mitoyen » doit faire contre-mur de huit pouces d'épaisseur.

» Art. CLXXV. — Qui veut faire cheminée et âtre contre le » mur mitoyen doit faire contre-mur de thuillots ou autre chose » suffisant de demi-pied d'épaisseur.

« Art. CLXXVI. — Qui veut faire forge, four et fourneau « contre un mur mitoyen, doit laisser demi-pied de vide entre « deux du mur, du four ou forge, et doit être le dit mur d'un « pied d'épaisseur.

« Art. CLXXVII. — Qui veut faire aisances de privés ou puits « contre un mur mitoyen doit faire contre-mur d'un pied d'épais- « seur. Et où il y a de chacun côté puits, ou bien puits d'un côté « et aisances de l'autre, suffit qu'il y ait quatre pieds de ma- « çonnerie d'épaisseur entre deux, comprenant l'épaisseur des « murs de part et d'autre. Mais entre deux puits suffisent trois « pieds pour le moins.

« Art. CLXXVIII. — Celui qui a place, jardin ou autre lieu « vide, qui joint immédiatement au mur d'autrui ou à un mur « mitoyen et veut faire labourer et semer, est tenu de faire « contre-mur de demi-pied d'épaisseur, et s'il a terres jectisses, « il est tenu de faire contre-mur d'un pied d'épaisseur. »

Observations de la Commission de 1862.

Les dispositions de l'article CLXXVI de la Coutume se trouvent reproduites dans l'article 28 du règlement du 7 novembre 1842, concernant les travaux de construction, ainsi conçue : « Les contre-murs des « forges, fours et fourneaux, quels qu'en soient la « forme et l'usage, excepté les fourneaux de cuisine « des maisons où il n'est exercé aucune industrie, « devront avoir 33 centimètres d'épaisseur et être tou- « jours isolés. Le vide qui doit exister entre le contre- « mur et le mur qu'il protège, sera au moins de « 16 centimètres. »

Tout le paragraphe du procès-verbal de 1855. **Usage constaté.**

---

## Délai pour l'exercice
### de l'action résultant des vices rédhibitoires.

*(Article 1648 du Code civil.)*

**1648.** — L'action résultant des vices rédhibitoires doit être intentée par l'acquéreur dans un bref délai, suivant la nature des vices rédhibitoires et l'**usage du lieu** où la vente a été faite.

**Procès-verbal de 1855.**

Il n'existe aucun usage local qui fixe le délai pour l'exercice de l'action résultant des vices rédhibitoires, sauf ce qui sera dit ci-après, au titre des *Usages commerciaux* (achats et vente) pour le mauvais effilage des tulles.

Ce paragraphe est maintenu purement et simplement. **Usage constaté.**

---

## Durée des locations.

*(Art. 1736, 1745, 1748, 1757, 1758, 1759 et 1762 du Code civil.)*

**1736.** — Si le bail a été fait sans écrit, l'une des parties ne pourra donner congé à l'autre qu'en observant les délais fixés par l'**usage des lieux.**

**1745.** — S'il s'agit d'une maison, appartement ou boutique, le bailleur paye, à titre de dommages et intérêts, au locataire évincé, une somme égale au prix du loyer, pendant le temps qui, suivant l'**usage des lieux,** est accordé entre le congé et la sortie.

**1748.** — L'acquéreur qui veut user de la faculté, réservée par le bail, d'expulser le fermier ou locataire en cas de vente, est, en outre, tenu d'avertir le locataire au temps d'avance **usité** dans le lieu pour les congés. — Il doit aussi avertir le fermier des biens ruraux au moins un an à l'avance.

**1757.** — Le bail des meubles fournis pour garnir une maison entière, un corps de logis entier, une boutique ou tous autres appartements est censé fait pour la durée ordinaire des baux des maisons, corps de logis, boutiques ou autres appartements, selon l'**usage des lieux.**

**1758.** — Le bail d'un appartement meublé est censé fait à l'année, quand il a été fait à tant par an ; — au mois, quand il a été fait à tant par mois ; — au jour, s'il a été fait à tant par jour. — Si rien ne constate que le bail soit fait à tant par an, par mois, ou par jour, la location est censée faite suivant l'**usage des lieux.**

**1759.** — Si le locataire d'une maison ou d'un appartement continue sa jouissance après l'expiration du bail par écrit, sans opposition du bailleur, il sera censé les occuper aux mêmes conditions, pour le terme fixé par l'**usage des lieux**, et ne pourra plus en sortir ni en être expulsé qu'après un congé donné suivant le délai fixé par l'**usage des lieux.**

**1762.** — S'il a été convenu, dans le contrat de louage, que le bailleur pourrait venir occuper la maison, il est tenu de signifier d'avance un congé aux époques déterminées par l'**usage des lieux.**

Procès-verbal de 1855.

Suivant procès-verbal dressé par une Commission instituée à cet effet, et présidée par le juge de paix du canton de Calais, le 21 nivôse an 13 (11 janvier 1805) il a été reconnu :

« 1° — Que pour un bail sans écrit d'une maison ou d'une « grande partie d'icelle, il devoit toujours y avoir un intervalle « de six mois entre le congé et la sortie, laquelle ne pouvoit « être demandée que pour le quinze mars ou le quinze sep- « tembre, termes ordinaires des entrées en jouissance.

« 2° — Que lorsque le bail sans écrit étoit d'un, de deux, ou « même de trois appartements garnis ou non garnis, ainsi que « d'une boutique, on avoit égard à la durée de la location. Si « elle avoit été faite pour un, deux ou trois ans, on re- « gardoit comme suffisant un délai de trois mois entre le congé « et la sortie; de deux mois, si elle avoit été faite pendant six « mois, et d'un mois au-dessous de six mois.

« 3° — Que l'acquéreur d'une maison, lorsqu'il avoit le droit « d'expulser le locataire, ne pouvoit le faire qu'en avertissant « six mois d'avance, et un an s'il s'agissoit d'une ferme et « terres.

« 4° — Qu'il en étoit de même du propriétaire de la maison « lorsqu'il pouvoit user du privilège que la loi *aide*.

« 5° — Que le bail des meubles étoit au mois, et qu'on ne « considéroit pas la durée des baux des habitations pour lesquels « ils étoient fournis.

« 6° — Que le bail d'un appartement meublé est censé fait au « mois.

« 7° — Qu'il n'y avoit pas de terme fixé pour la cessation de « jouissance continuée sans opposition après l'expiration du « bail par écrit; que le bailleur étoit toujours maître de la faire

« cesser, mais en avertissant six mois d'avance le locataire lors-
« qu'il s'agissoit d'une maison ou d'une grande partie d'icelle,
« et trois mois, deux mois, et un mois suivant l'objet de la
« location, ainsi qu'il a été expliqué en l'article 2. »

Observations de la Commission de 1862.

Ce paragraphe semblait au juge de paix en désaccord formel avec l'opinion générale adoptée par les notaires et par les propriétaires du canton, et, par suite, il donnait journellement lieu à de sérieuses contestations.

La contradiction signalée provient de ce que la Commission de 1855 s'est crue enchaînée par le procès-verbal de 1805, à tel point qu'elle n'a pas pensé avoir le droit de tenir compte des modifications survenues depuis par suite de la création d'une ville nouvelle, cité industrielle plus populeuse aujourd'hui, et dès son origine complètement distincte par ses habitudes de celle de Calais.

Si la généralité des maisons de Calais se loue encore à l'année, il est constant qu'un très-grand nombre de celles de Saint-Pierre, occupées par de simples ouvriers, se louent au mois, et que ce mode de location, adopté dans cette ville dès sa formation, l'a été ensuite à Calais pour certaines habitations de peu d'importance. La Commission de 1855, dominée par un respect exagéré de l'usage écrit, a appliqué cet usage à une localité qui, cependant, ne l'avait jamais suivi. De là, les embarras signalés par le juge de paix, et auxquels il importe d'apporter un prompt remède, en conciliant l'usage écrit avec l'usage de fait.

Un membre demanda à ce sujet, si l'on ne pourrait, ainsi que cela se pratique à Paris, prendre pour base de la durée des locations le taux des loyers.

Il fut objecté, à cette proposition, qu'il ne s'agissait pas d'établir une règle pour l'avenir, mais seulement de constater un fait, et que l'usage, tant à Calais qu'à Saint-Pierre, était de régler le délai des congés sur les termes mêmes d'exigibilité, par analogie avec les dispositions de l'article 1758 du Code civil, relatives aux maisons meublées; en décidant ainsi, on ne faisait que consacrer un usage général et constant, surtout à Saint-Pierre, d'accord avec le fait et la croyance de tout propriétaire qui est convaincu que, lorsqu'il loue sa maison à tant par mois, il la loue seulement au mois, et cela nonobstant le dire du procès-verbal de 1855, contre lequel, depuis le jour de sa rédaction, on n'a cessé de réclamer.

Cette proposition fut appuyée; la base indiquée pour la fixation de la durée des locations était déjà si universellement admise que les notaires, dans leurs procès-verbaux d'adjudication, s'y conformaient toujours dans les indications à fournir pour l'entrée en jouissance réelle, ainsi que l'on pourrait s'en convaincre en consultant les minutes déposées dans leurs études.

**Usage constaté.**

L'usage général pour Calais et pour la partie urbaine de Saint-Pierre-lès-Calais est de considérer comme faites au mois les locations dont le prix est stipulé payable par mois; comme faites pour trois mois, celles dont le loyer est payable par trimestre; et faites pour un an, celles dont le loyer est payable par semestre. Pour ces dernières, les époques d'entrée et de sortie sont le 15 mars et le 15 septembre; en conséquence, le congé doit être donné un mois, trois mois ou six mois d'avance, suivant que la location sans écrit est faite au mois, aux trois mois ou à l'année.

Il est toutefois reconnu que toutes locations de maisons situées dans les communes rurales et dans la banlieue de Saint-Pierre-lès-Calais sont faites pour au moins une année commençant le 15 mars, et que le congé doit être donné au moins six mois d'avance et pour cette époque.

Dans tous les cas, le taux du loyer ne peut être augmenté qu'après avertissement préalable donné dans les mêmes délais que pour la résiliation.

Quant aux terres à labour, elles comportent toujours une location de trois ans, quel que soit l'assolement; et s'il s'opère un nouveau bail par tacite reconduction, la location recommence pour la même période.

---

## Réparations locatives.

*(Art. 1754 du Code civil.)*

**1754.** — Les réparations locatives ou de menu entretien dont le locataire est tenu, s'il n'y a clause contraire, sont celles désignées comme telles par l'**usage des lieux**, et, entre autres les réparations à faire aux âtres, contre-cœurs, chambranles et tablettes des cheminées ; — récrépiment du bas de muraille, des appartements et autres lieux d'habitation, à la hauteur d'un mètre ; — aux pavés et carreaux des chambres, lorsqu'il y en a seulement quelques-uns de cassés ; — aux vitres, à moins qu'elles ne soient cassées par la grêle, ou autres accidents extraordinaires et de force majeure, dont le locataire ne peut être tenu ; — aux portes, croisées, planches de cloison ou de fermeture de boutique, gonds, targettes et serrures.

Un autre procès-verbal, dressé par une semblable Commission, le 16 messidor an XIII, (5 juillet 1805) constate : Procès-verbal de 1855.

« 1° — Que l'on regardait, au siége de Calais, comme réparations locatives toutes celles relatives et désignées sous ce nom dans l'article 1754 du Code civil avec les modifications qu'il renferme et les restrictions faites par l'article 1755.

« 2° — Que l'usage du siége était de mettre, en outre, à la charge du locataire, l'entretien de l'aire du four, de la voûte ou de la chappel d'icelui, des potagers de cuisine pour les carreaux qui les recouvrent, pour ceux qui reçoivent les cendres des réchauds, le rétablissement des dits réchauds et des grilles, le ramonage des cheminées.

« 3° — Que, suivant le même usage, on mettait encore à la charge des locataires l'entretien des poulies, cordes, chapelles et main-d'œuvre des puits et citernes (1), l'entretien des volets et contrevents, des pentures, des mangeoires dans les écuries, des râteliers, des barres et piliers qui servent à séparer les chevaux. »

(1) Mais il est à remarquer que, d'après l'article 1756 du Code civil, le curement des puits et celui des fosses d'aisance sont à la charge du bailleur, s'il n'y a clause contraire.

Usage constaté.

Ce paragraphe est adopté sans réclamations, et maintenu par la Commission dans les mêmes termes.

---

## Logements et facilités
### à laisser aux fermiers entrant et sortant.
## Remports.

*(Article 1777 du Code civil.)*

**1777.** — Le fermier sortant doit laisser à celui qui lui succède dans la culture les logements convenables et autres facilités pour les travaux de l'année suivante : et réciproquement, le fermier entrant doit procurer à celui qui sort les logements convenables et autres facilités pour la consommation des fourrages et pour les récoltes restant à faire. Dans l'un et l'autre cas, on doit se conformer à l'**usage des lieux.**

Procès-verbal de 1855.

« Aux termes du même procès-verbal il a encore été déclaré « que, suivant l'usage du Calaisis, le fermier entrant et le fer- « mier sortant ne pourraient exiger l'un de l'autre aucun logement « et autres facilités pour les travaux et récoltes ; qu'il a même « été jugé que le fermier sortant devait jouir jusqu'au dernier « jour de la location, et quoique sa récolte fût faite, celui qui lui « succédait n'avait pas le droit de labourer les terres avant cette « époque. »

Observations de la Commission de 1862.

La Commission de 1855 s'est encore bornée à rappeler le procès-verbal de 1805 ; mais, dans l'exposé dont elle a fait précéder son travail, elle s'est exprimée en ces termes :

« Il faut cependant reconnaître, en ce qui concerne les loge- « ments et facilités à laisser aux fermiers entrant et sortant, « que l'usage qui veut que les deux fermiers, à l'entrée et à la « sortie, ne puissent rien exiger l'un de l'autre, que le second « doive jouir jusqu'au dernier jour de sa location et que, quoique « sa récolte soit faite, celui qui succède n'ait pas le droit de « labourer les terres avant cette époque, tend à se modifier sous « l'influence de sentiments de bienveillance réciproque, et aussi « grâce à l'initiative des propriétaires qui, généralement aujour- « d'hui, insèrent dans les baux l'obligation pour le sortant de « laisser à l'entrant les logements suffisants et convenables, ainsi « que la faculté de cultiver aussitôt après l'enlèvement des « récoltes, à la charge par lui de procurer à son tour les faci- « lités nécessaires à la récolte de la tierce-sole.

« L'intérêt de l'agriculture n'aurait rien à perdre à cette « modification, car les raisons que l'on donne pour le maintien « de l'ancien usage sont plutôt spécieuses que sérieusement « fondées. En effet, on s'appuie, pour refuser les facilités au « fermier entrant, sur le droit qu'a le sortant de tirer parti « jusqu'au dernier jour de sa location des terres qui lui sont « données à bail ; or, dit-on, après l'enlèvement des récoltes, il « reste encore quelques produits utiles, et notamment les herbes « qui croissent naturellement, et sur lesquelles on peut faire « paître les moutons ; puis, quelques cultivateurs, quand les « terres sont dépouillées de la récolte ordinaire, y sèment, dans « l'arrière-saison, des navets destinés à la nourriture des bestiaux. « On ne saurait donc, sans injustice, abréger la jouissance de « celui qui paie son fermage jusqu'au 15 mars, au profit de « celui qui ne paie pas encore ; mais on oublie, en raisonnant « ainsi, que si l'usage général accordait les mêmes facilités au « fermier entrant, chaque fermier qui changerait d'occupation « trouverait sur sa nouvelle ferme les facilités qu'il aurait accor- « dées à celui qui le remplacerait dans l'ancienne, et pourrait y « jouir soit des herbes pour la pâture des moutons, soit de la « récolte supplémentaire de navets ; que s'il cessait de se livrer « à l'agriculture, il aurait intérêt à se défaire, avant l'hiver, de « tous ses bestiaux, et n'aurait, par conséquent, pas à pourvoir « à leur nourriture. »

Dans sa séance du 26 avril 1862, la Commission reprit l'étude de cette question, et il y fut reconnu, à l'unanimité, que si le fermier sortant doit, après la récolte, permettre au fermier entrant de labourer les terres libres, il n'est pas obligé de laisser, après sa sortie, une partie des bâtiments et dépendances de la ferme à son successeur. C'était répondre au reproche fait à la Commission de 1855 de n'avoir pas inséré dans son travail la pratique dont elle reconnaissait implicitement l'existence. La Commission de 1862 n'admettait pas l'obligation de laisser une partie des bâtiments, car ce serait là une véritable servitude, qu'on ne peut créer par une simple présomption. La difficulté de la mise en pratique de ces concessions comme usage ne permettait de considérer le fait, quand il a lieu, que comme une simple tolérance.

Dans la même séance, on traita également la question du remport dont on avait parlé à celle du 12.

Il faut distinguer entre les localités. Généralement, dit-on, le remport s'exerce en grains d'hiver, c'est-à-dire en blé, seigle et scourgeon. Ce mode est universellement suivi dans les communes de Marck, des Attaques et de Coulogne, à la différence des autres communes, où on complète le remport en sainfoin, en proportion avec l'assolement sur les terres frappées de la tierce-sole.

Mais on objecta que la distinction faite ainsi n'est pas absolument exacte, qu'il y a des communes dont une partie est comprise dans l'assolement du Calaisis proprement dit, ou Bas-Pays, et dont une autre partie est dans les mêmes conditions que les communes limitrophes du Boulonnais ; que la distinction est tracée tout naturellement par l'état des lieux, et que cette séparation est marquée par la ligne allant de Saint-Tricat à Sangatte par la Bezingue et Fréthun et par le chemin nº 64.

**Usage constaté.**

Le fermier sortant doit, après la récolte, permettre à son successeur de labourer les terres libres, mais il n'est pas obligé à lui laisser avant sa sortie une partie des bâtiments de la ferme.

Le remport s'exerce en grains d'hiver. Cette règle est absolue dans la partie du canton située à l'est d'une ligne allant de Saint-Tricat à Sangatte par la Bezingue et Fréthun, et par le chemin nº 64. Dans la partie située à l'ouest, on complète le remport en sainfoin, en proportion avec l'assolement sur les terres frappées de la tierce-sole.

Si la récolte en grains d'hiver vient à manquer par un cas de force majeure, le fermier sortant peut exercer son remport en grains de mars.

# LOUAGE

## des domestiques ou ouvriers

*(Art. 1780 du Code civil.)*

**1780.** — On ne peut engager ses services qu'à temps ou pour une entreprise déterminée.

Le louage des domestiques se fait au mois, et il est d'usage que le contrat ne peut être rompu de part ni d'autre qu'après avertissement donné quinze jours avant l'expiration du mois, à moins de circonstances laissées à l'appréciation du juge (1). Procès-verbal de 1855.

Le louage des ouvriers se fait à la semaine; c'est également à la semaine qu'on les paie, et l'engagement finit après avertissement qui doit être réciproquement donné huit jours à l'avance.

Les obligations des ouvriers employés à la moisson, à défaut de conventions spéciales, doivent être proportionnées au taux de leur rémunération; la date et la durée des engagements sont réglées par l'usage suivant: Observations de Commission de 1862.

Le louage des domestiques se fait au mois, et il est d'usage que le contrat ne peut être rompu de part ni d'autre qu'après avertissement donné quinze jours avant l'expiration du mois, à moins de circonstances laissées à l'appréciation du juge (2). Usage constaté.

Le louage des ouvriers se fait à la semaine; c'est également à la semaine qu'on paie, et l'engagement finit après avertissement qui doit être réciproquement donné huit jours à l'avance.

Dans la plupart des fermes, les engagements des moissonneurs sont faits pour un délai de deux mois. Pendant cette période, les ouvriers des champs doivent leur temps au maître sans avoir égard à la date de l'achèvement de la moisson.

Il en est autrement dans les communes des

(1) Voir *V. Augier*, page 374, *Henrion de Pansey*, page 102.

(2) Voir la note **A**, au supplément.

Attaques, Coulogne et Marck, où, comme dans le Bas-Pays, les engagements pour la moisson sont de trois mois, les travaux et la récolte du scourgeon obligeant à commencer un mois à l'avance. Ces engagements, contractés pour trois mois, commencent le jour de la Saint-Jean et finissent à la Saint-Michel.

Il existe dans le canton un troisième mode d'engagement, celui pour la moisson proprement dite, laquelle, selon l'expression vulgaire commence à la première botte et finit à la dernière. Ce mode d'engagement n'a lieu que de la part des ouvriers dits *parcours* envers les moissonneurs proprements dits, qui sont vis-à-vis des cultivateurs de véritables entrepreneurs de moissons, payés non à une quotité fixe, mais en quelque sorte à la grosse aventure, c'est-à-dire à la treizième, la quinzième ou la vingtième botte, à la charge de faire complètement la moisson.

Ceux qui ont droit à la treizième botte doivent charger et épandre le fumier, échardonner, ramasser les cailloux dans les sainfoins, faire les liens, couper, lier, mettre en dizaux, solliciter, c'est-à-dire donner aux récoltes, tant qu'elles ne sont pas enlevées, les soins nécessaires.

Ceux qui n'ont droit qu'à la quinzième doivent faire les liens, échardonner, couper, lier, mettre en dizaux, solliciter.

Ceux enfin qui n'ont droit qu'à la vingtième doivent seulement couper, lier, mettre en dizaux, solliciter.

Les engagements des moissonneurs se contractent du 1er janvier à la pousse des premiers chardons, c'est-à-dire en mai. — En cas de maladie, les moissonneurs doivent se faire remplacer à leurs frais, et en cas d'urgence, fournir aussi à leurs frais des ouvriers supplémentaires quel que soit le mode d'engagement. Ils sont toujours placés sous la direction du cultivateur, eux et ceux qu'ils emploient.

La durée de l'engagement des parcours est fixée à deux mois dans les pays où on ne récolte pas de scourgeon, à trois mois dans ceux où on en récolte. Ils perdent tous droits au salaire, s'ils rompent leur engagement avant son expiration (1).

(1) Voir la note B au supplément.

# TITRE II.

## USAGES EN MATIÈRE COMMERCIALE.

La constatation des usages en matière commerciale, telle qu'elle résulte du procès-verbal de 1855, n'ayant donné lieu à aucune réclamation de la Commission de 1862, il fut décidé, dans la séance du 10 mai, qu'elle serait maintenue.

### Achats et ventes.

*(Article 109 du Code de commerce.)*

**109.** — Les achats et ventes se constatent — par actes publics, — par actes sous signatures privées, — par le bordereau ou arrêté d'un agent de change ou courtier, dûment signé par les parties, — par une facture acceptée, — par la correspondance, — par les livres des parties, — par la preuve testimoniale, dans le cas où le Tribunal croira devoir l'admettre.

Dans les ventes de tulle en fabrique, le prix des pièces achetées dans le courant d'une semaine, se paie, à moins de conventions contraires, le samedi qui suit le jour de la livraison. Les factures doivent, à cet effet, être remises le vendredi.

Le mauvais effilage ne pouvant se reconnaître que lors de la division par bandes de tulle en pièces, est considéré comme un vice caché qui donne lieu à l'application des articles 1643 et 1644 du Code civil.

L'action doit, dans ce cas, être intentée avant que le tulle ait subi aucune préparation autre que l'effilage.

# PÊCHE MARITIME.

## Conditions d'armement.

*(Art. 250 du Code de commerce.)*

**250.** — Les conditions d'engagement du capitaine et des hommes d'équipage d'un navire sont constatées par le rôle d'équipage ou par les conventions des parties.

Les armements pour la pêche se font tous à la part, mais la répartition du produit varie suivant les différents genres de pêche.

PÊCHE AU CHALUT. — Le produit brut, déduction faite des frais d'écorage, portage et menues dépenses connues sous le nom de *bouticliage,* gratification aux hommes et abandon faits en nature sous les dénominations de *tangage* et *d'enfi* aux femmes qui aident au déchargement, et au mousse qui lave le bateau, se partage par moitié entre le bateau et l'équipage.

La moitié appartenant aux pêcheurs se divise par parts qui se subdivisent elles-mêmes en fractions nommées *pièces,* entre le patron, les quatre matelots, le novice et le mousse qui montent généralement un bateau chalutier. Chaque part est de six pièces.

| | | |
|---|---|---|
| Le patron prend | 7 pièces. | 7 pièces. |
| Chaque homme | 6 » | 24 » |
| Le novice. . . | 5 » | 5 » |
| Le mousse. . . | 3 » | 3 » |
| | TOTAL | 39 pièces. |

A l'égard de la moitié revenant au bateau, et sur laquelle se prélèvent les avances et frais de réparations, le patron prend le cinquième comme droit de maîtrise, et les quatre autres cinquièmes reviennent à l'armateur.

Il arrive parfois qu'indépendamment du cinquième de maîtrise, l'armateur abandonne au patron deux des autres cinquièmes lui appartenant quand le bateau est gagné; mais alors il est reconnu comme usage constant que cette part de bateau gagné ne constitue qu'un droit dans les produits journaliers, et non pas une co-propriété; et le patron ne l'obtient et ne la conserve qu'autant qu'il continue à commander l'embarcation. (1)

PÊCHE AU MERLAN. — Sur le produit brut on prélève, indépendamment des frais d'écorage, portage et bouticliage et des prélèvements en nature, les avaries qui sont réputées communes au bateau et à l'équipage, et le reste se divise de telle sorte que le bateau a droit à une part et demie ou neuf pièces.

Le droit de maîtrise du patron n'est alors que du sixième; mais généralement, une fois le bateau gagné, ce droit augmente, et parfois même se change en un abandon total de l'embarcation.

Les hommes fournissent les lignes ou cordes.

PÊCHE AU HARENG — Les conditions sont les mêmes que pour la pêche au merlan, c'est-à-dire que le bateau n'a droit qu'à une part et demie, et que les hommes fournissent les filets.

PÊCHE AU MAQUEREAU. — Les conditions sont les mêmes que pour les deux précédentes, avec cette seule différence que la part du patron est égale à celle des hommes de l'équipage et ne se compose par conséquent que de six pièces au lieu de sept.

PÊCHE AUX HUITRES. — Les agrès sont fournis par l'armateur. Les avaries sont supportées en commun, et le ba-

(1) C'est ce qu'à décidé le Tribunal de commerce de Calais par un jugement en date du 15 avril 1851, qui a mis fin à tous les doutes pouvant exister sur cet usage. Sur le mode et les conditions d'armement des bateaux de pêche, voir la note C, au supplément.

teau a quatre parts d'homme. Le droit de maîtrise du patron est, comme dans la pêche au chålut, de un cinquième, et, le bateau gagné, le propriétaire lui fait généralement l'abandon d'un autre cinquième, toujours sous la condition qu'il continuera à commander.

Pêche aux cordes (1).

Association de quinzaine (2).

---

## Chartes-Parties, Affrêtements et Nolissements.

*(Art. 273 et 274 du Code de commerce.)*

### Jours de planche et frais de surestarie.

**273.** — Toute convention pour louage d'un vaisseau, appelée charte-partie, affrètement ou nolissement, doit être rédigée par écrit. — Elle annonce : le nom et le tonnage du navire, — le nom du capitaine; — le nom du fréteur et de l'affréteur, — le lieu et le temps convenus pour la charge et pour la décharge, — le prix du frèt ou nolis, — si l'affrètement est total ou partiel, — l'indemnité convenue pour les cas de retard.

**274.** — Si le temps de la charge et de la décharge du navire n'est point fixé par les conventions des parties, il est réglé suivant l'**usage des lieux.**

Une délibération, prise sur la proposition de la Chambre de commerce par le Tribunal de commerce de Calais le 15 mai 1852, établit ainsi qu'il suit l'usage en ce qui concerne les jours de planche et les frais de surestarie.

Art. 1er. — Il est établi, pour la quotité des jours de planche, plusieurs classes de navires, suivant leur chargement ou leur tonnage, savoir :

Une classe pour les navires chargés de sel;

Une pour les navires chargés de houille;

Une pour les navires chargés de toutes autres espèces de marchandises.

(1) Voir la note D, au supplément.

(2) Voir la note E, au supplément.

Cette dernière classe se divise de la manière suivante :

| | | | |
|---|---|---|---|
| 1°. — Navires de | 50 tonneaux | de jauge | et au-dessous. |
| 2°. — » | 50 | » » | à 100 |
| 3°. — » | 100 | » » | à 200 |
| 4°. — » | 200 | » » | et au-dessus. |

Art. 2. — Il est accordé :

**A** — Aux navires chargés de sel :

1°. — Au-dessous de 100 tonneaux de marchandises 8 jours ouvrables ;

2°. — De 100 à 200 tonneaux de marchandises 12 jours ouvrables ;

3°. — Et au dessus de 200 tonneaux 15 jours ouvrables;

**B** ---- Aux navires chargés de houille, quelque soit leur tonnage, un jour ouvrable pour 21,000 kilog. de marchandises. Les fractions au-dessous de 21,000 kilog. compteront pour un jour.

**C** ---- Aux navires chargés de toutes autres marchandises :

| | | | |
|---|---|---|---|
| Au dessous de 50 tonneaux de jauge | 4 | jours | ouvrables; |
| De 50 à 100 tonneaux : . . . . . . . | 7 | » | » |
| De 100 à 200 tonneaux : . . . . . . | 10 | » | » |
| De 200 et au-dessus . . . . . . . . . | 15 | » | » |

Art. 3. ---- Les jours de planche commenceront à courir, en supposant le navire placé soit au quai à lui désigné, soit au bassin à flot par les officiers du port, vingt-quatre heures après avis donné par le capitaine aux consignataires et la déclaration de gros faite en douane.

Art. 4. ---- Pour les navires en cueilliette, les consignataires seront tenus de faire en douane leurs déclarations de détail dans les vingt-quatre heures de l'accomplissement par les capitaine des formalités qui leur sont imposées par l'article ci-dessus.

Toutefois, si le capitaine s'était mis en règle avant l'expiration des vingt-quatre heures qui lui sont imposées, les consignataires pourraient réclamer le bénéfice du délai entier, et leur temps ne compterait qu'à partir de la fin de ces vingt-quatre heures.

En cas de retard de la part des consignataires, le capitaine fera ordonner immédiatement, par simple ordonnance du Tribunal de commerce, la mise en dépôt des marchandises laissées à son bord, le tout aux frais des retardataires.

Art. 5. — Les frais de surestarie seront réglés de la manière suivante, tant pour l'équipage que pour les navires :

1°. — Pour les navires de 150 tonneaux de jauge et au-dessous, cinquante centimes par tonneau et par jour.

2°. — Pour les navires de 150 tonneaux et au-dessus, quarante centimes par tonneau et par jour (1).

---

## OBLIGATIONS DES PROPRIÉTAIRES ET CAPITAINES DE NAVIRES.

### Chargement et déchargement des marchandises.

*(Art. 216, 221, 222, 285 et 405 du Code de commerce.)*

**216.** — Tout propriétaire de navire est civilement responsable des faits du capitaine, et tenu des engagements contractés par ce dernier, pour ce qui est relatif au navire et à l'expédition. — Il peut, dans tous les cas, s'affranchir des obligations ci-dessus, par l'abandon du navire et du frêt. Toutefois la faculté de faire abandon n'est point accordée à celui qui est en même temps capitaine et propriétaire ou co-propriétaire du navire. Lorsque le capitaine ne sera que co-propriétaire, il ne sera responsable que des engagements contractés par lui, pour ce qui est relatif au navire et à l'expédition, que dans la proportion de son intérêt.

**221.** — Tout capitaine, maître ou patron, chargé de la conduite d'un navire ou autre bâtiment, est garant de ses fautes, même légères, dans l'exercice de ses fonctions.

**222.** — Il est responsable des marchandises dont il se charge. Il en fournit une reconnaissance. Cette reconnaissance se nomme connaissement.

**285.** — Tout commissionnaire ou consignataire qui aura reçu les marchandises mentionnées

(1) Voir la note F, au supplément.

dans les connaissements ou chartes-parties, sera tenu d'en donner reçu au capitaine qui le demandera, à peine de tous dépens, dommages-intérêts, même de ceux de retardement.

**405.** — Les dommages arrivés aux marchandises, faute par le capitaine d'avoir bien fermé les écoutilles, amarré le navire, fourni de bons guindages, et par tous autres accidents provenant de la négligence du capitaine ou de l'équipage, sont également des avaries particulières supportées par le propriétaire des marchandises, mais pour lesquelles il a son recours contre le capitaine, le navire et le frêt.

La même délibération a aussi constaté, en ces termes, l'usage quant aux obligations des propriétaires et capitaines de navires en ce qui concerne le chargement et le déchargement.

## Section 1re. — NAVIRES CHARGÉS EN CUEILLETTE.

### ENTRÉE.

ART. 1er. — Les capitaines seront tenus de mettre, à leurs frais et risques, la cargaison en bélandre ou à quai, au choix des réclamateurs, et de ranger les colis sur le quai par marque; leur responsabilité ne cesse, pour les marchandises à quai, qu'après qu'elles ont été vérifiées par la douane; cette vérification a lieu, chaque jour, environ une heure avant la fermeture des bureaux pour les caboteurs.

La responsabilité des capitaines cessera, à bord des bélandres, lorsque la marchandise aura été déposée dans la cale de ces embarcations, et que le palan de charge aura été retiré.

Pour les navires en cueillette venant de l'étranger, la responsabilité des capitaines cessera après la mise à terre et l'arrangement des colis par marque.

Les paquebots à vapeur venant de l'étranger sont soumis à ce régime.

### SORTIE.

ART. 2. — Les colis sont amenés en bélandres le long du bord ou sur le quai en face du navire, aux frais des chargeurs;

le capitaine en devient responsable, sauf le cas de force majeure, après que la vérification en aura été faite et que la marchandise a été mise à sa disposition. L'embarquement et l'arrimage s'opèrent aux frais et risques du navire.

Les bateaux à vapeur sont soumis à cette règle.

---

## Section 2. — Navires chargés en vrac ou en grenier

### ENTRÉE.

*Navires de toutes provenances.*

Art. 3. — Pour les chargements de grains, graines, sel, houille, et similaires, le capitaine doit livrer la marchandise à hauteur de quai, si la pesée se fait sur le quai; il doit la livrer sous palan dans la bélandre, si la pesée se fait dans cette embarcation; si la pesée se fait sur le pont du bâtiment, le capitaine doit livrer la marchandise à l'endroit du pont où la pesée a lieu: si la pesée se fait dans la cale, le capitaine doit néanmoins livrer la marchandise sur le pont. Le travail de la cale, le halage à terre et la pesée sont à la charge du réceptionnaire de la marchandise.

Pour les ardoises, le capitaine est tenu de les extraire de la cale, de les livrer sur le bord du quai ou de la bélandre où les ouvriers du consignataire les prennent au fur et à mesure et les comptent.

Pour les pierres à plâtre, le capitaine doit les livrer également sur le quai.

Enfin le capitaine doit livrer sur le quai ou sous palan à bord des bélandres qui seront le long de son bord, toute espèce de marchandise en fûts ou sous emballage qui ne sera ni pesée ni mesurée à bord. Les lins, chanvres, étoupes, les métaux bruts ou ouvrés, les bois, planches, battens, madriers, goudrons, brais, sont aussi soumis à ce régime. Toutes ces marchandises doivent être rangées sur le quai par le capitaine.

*Navires du Nord.*

ART. 4. — Les madriers, planches, battens, les fers, goudrons et brais doivent être débarqués et rangés sur le quai par le capitaine.

Les poutres qui peuvent être flottées sont débarquées et mises à l'eau par le capitaine; elles sont ensuite cramponnées et gardées par les ouvriers du réceptionnaire.

Les poutrelles sont débarquées par les gens de l'équipage au moyen d'un pont volant établi sur l'avant ou l'arrière du navire, et hissées sur le quai par les ouvriers du réceptionnaire.

SORTIE.

ART. 5. — Les grains, graines, sel, etc., sont pris par le capitaine sous le palan; les pierres de taille sont également prises sous palan, soit du quai, soit des bélandres

Les bois, les métaux bruts ou ouvrés et similaires, les colis de marchandises, sont amenés ou en bélandre le long du bord, ou sur le quai en face du navire aux frais des chargeurs. Le capitaine en devient responsable après que la vérification en a été faite et que la marchandise a été mise à sa disposition. L'embarquement et l'arrimage s'opèrent aux frais et risques dudit capitaine. Si les blocs de pierre, pièces de fer ou similaires sont trop lourds pour les appareils du navire, ils sont embarqués à la grue ou au moyens de bigues, et dans ce cas aux frais et risques des chargeurs.

---

## Navigation intérieure.

*(Article 96 et suivants du Code de commerce.)*

**96.** — Le commissionnaire qui se charge d'un transport par terre ou par eau est tenu d'inscrire sur son livre-journal la déclaration de la nature et de la quantité des marchandises et, s'il en est requis, de leur valeur.

**97.** — Il est garant de l'arrivée des marchandises et effets, dans le délai déterminé par la lettre de voiture, tous les cas de la force majeure légalement constatés.

**98.** — Il est garant des avaries ou pertes de marchandises et effets, s'il n'y a stipulation contraire dans la lettre de voiture, ou force majeure.

**99.** — Il est garant des faits du commissionnaire intermédiaire, auquel il adresse les marchandises.

**100.** — La marchandise sortie du magasin du vendeur ou de l'expéditeur, voyage, s'il n'y a convention contraire, aux risques et périls de celui à qui elle appartient, sauf son recours contre le commissionnaire et le voiturier chargés du transport.

Enfin, par la même délibération, les us et coutumes pour le chargement et le déchargement des bélandres ont été déterminés comme suit :

1° — Il est accordé au commerce dix jours ouvrables de planche pour le déchargement des bateaux, lesquels comptent du moment où le batelier a prévenu le consignataire. Le jour d'arrivée n'est par compris.

2° — Au delà de dix jours, il est alloué au batelier, pour indemnité de retard :

| | | | | |
|---|---|---|---|---|
| 7 fr. 50 | par jour | pour les bateaux | de | 50 tonn. et au-dessus. |
| 5 fr. | » | » | » | 25 à 50 |
| 4 fr. | » | » | » | 25 ton. et au-dessous |

3° — Les bateliers sont obligés de placer leurs bateaux au rivage de Saint Pierre-lès-Calais et de Calais à l'endroit indiqué par le réceptionnaire, sauf le cas de force majeure.

4° — Les bateliers qui auraient vingt tonneaux ou plus pour un destinaire seront tenus de se rendre au bassin à flot, temps servant, si ce réceptionnaire l'exige.

5° — Le chargement du bateau est au compte des destinataires qui doivent prendre les marchandises à bord des bélandres.

6° — Pour les bois du nord et autres, déposés sur le quai vis-à-vis les bélandres, l'embarquement se fait par les bateliers à leurs compte, risques et périls.

---

## Location d'emplacement de métiers à tulle et de force motrice.

## Remise et congé (1).

(1) Voir la note G, au supplément.

# SUPPLÉMENT

## A

Dans la pratique, la disposition relative à la rupture d'engagement et au congé des domestiques n'est pas suivie. Le congé est donné quinze jours d'avance, comme le prescrit l'usage, mais sans concorder avec le terme du mois de service.

## B

L'audience civile de la justice de paix du 25 octobre 1863 a été consacrée à une affaire relative à ce paragraphe. Le jugement prononcé mentionne un usage qui avait été mis en question. Nous en donnerons les considérants pour la faire connaître dans tous ses détails :

« Considérant que L. réclame la somme de 50 francs à titre de *vin*, à raison « d'une vente de deux cents moutons faite par V. et pendant qu'il était au service « de ce dernier ;

« Que, dans cette prétention, le vin sur la vente des moutons ne fait pas partie « intégrante des gages, qu'il n'en est pas même une quote-part, pas plus qu'il n'en « n'est l'accessoire ;

« Que ce droit au vin appartiendrait directement et personnellement au berger, « par le seul fait de la vente, et indépendamment de la volonté et du concours du « maître qui a vendu ;

« Que ne tenant pas du vendeur, c'est-à-dire du maître, le vin ne peut avoir le « caractère de gage ;

« Que tenant de l'acquéreur, il n'est en réalité qu'une partie du prix de vente et « est acquis au berger au moment de la vente, par sa seule qualité de berger, d'où « suit que quand le vin passerait même par les mains du maître, celui-ci ne pour- « rait en changer le caractère primitif et ne saurait recevoir ce vin qu'à condition « de le rendre au berger ;

« Qu'enfin ce bénéfice n'aurait rien d'anormal et ne présenterait qu'une position « aléatoire mais légale, faite et acceptée réciproquement et à l'avance, comme les « étrennes des domestiques et des portiers, étrennes qui ne font pas partie intégrante « des gages et sont un bénéfice qui ne se fractionne pas et qui appartient en totalité au « domestique en exercice à l'avènement aléatoire, mais déterminé, c'est-à-dire au « commencement de l'année ;

« Qu'à ces considérations, V. répond : que le vin, en ce qui concerne le berger, « dérive non du contrat de vente, mais du contrat de louage ; que c'est en réalité

« une partie de ses gages, et qu'il est équitable de répartir le vin proportionnelle-
« ment à la durée des services et de faire ce qui a lieu pour les pots-de-vin qui, en
« cas de résiliation avant le terme convenu, sont restituables proportionnellement à
« ce qui reste à courir sur la durée du bail, et que d'ailleurs, V. affirmant ne s'être
« engagé envers son serviteur qu'à lui tenir compte de vin proportionnellement à la
« durée de ses services, doit être cru sur son affirmation.

« Considérant que si, dans les transactions, il est permis de stipuler au bénéfice
« des tiers, et si les tiers peuvent ultérieurement invoquer le bénéfice d'une conven-
« tion faite à leur profit, il leur incombe, avant tout, d'avoir à prouver cette stipu-
« lation à laquelle ils n'ont pas été partie;

« Considérant que dans un contrat de vente, comme dans tout autre contrat, il
« est loisible aux parties de faire toutes conventions qui n'ont rien de contraire à
« l'ordre public ou aux bonnes mœurs; et qu'il est incontestable qu'un maître
« peut valablement stipuler, en vendant sa chose, qu'il n'y aura pas de vin pour son
« berger, et que le *quantum* du vin augmentera d'autant le prix de vente;

« Qu'à plus forte raison, le maître peut, en stipulant le vin, se réserver de le
« répartir proportionnellement à la durée du service;

« Que les renseignements, pris d'office par le Tribunal, établissent qu'en absence
« de conventions contraires, il en est ainsi dans les usages du canton de Calais;

« Qu'il serait peu équitable, en effet, qu'un berger qui n'aurait servi qu'un ins-
« tant et accidentellement absorbât tout le bénéfice provenant du vin de la vente,
« tandis qu'un ou plusieurs autres bergers, qui auraient pendant toute l'année
« donné leurs soins au troupeau, en seraient entièrement privés;

« Considérant que pour que le vin, fût pour le berger, un droit dérivant de la
« vente, il faudrait qu'il pût donner lieu à une action directe de sa part contre
« l'acquéreur, ce que le demandeur ne peut établir;

« Que, jusque là, s'il est vrai qu'il a lieu à propos de la vente et comme ré-
« sultat de la vente même, en réalité il n'appartient au berger qu'à raison du con-
« trat du louage de ses services, et comme un accessoire de ses gages, accessoire
« formellement ou tacitement stipulé, et en considération duquel il est inconstes-
« table que les parties ont fixé la quotité du salaire;

« Par ces motifs, après en avoir délibéré, statuant au premier ressort, le Tribunal
« déclare bonnes et valables quant au principal les offres de V. de proportionner à
« la durée du mois de service les droits au vin sur le prix de la vente des moutons;

« En conséquence, condamne V. à payer selon ses offres, avec intérêt selon
« droit, au sieur L. ès-noms, la somme de 33 f. 33 c. pour sa part proportionnelle
« à la durée de son service, c'est-à-dire aux deux tiers de l'année, dans le
« pot-de-vin dont s'agit au procès;

« Déclare L. mal fondé à plus prétendre; le déboute du surplus de ses conclu-
« sions;

« Et considérant que V. n'est pas comparu au bureau de conciliation volontaire
« et que d'ailleurs ses offres ont été faites tardivement, et après la demande, le
« condamne aux dépens de l'exploit introductif d'instance;

« Condamne L. au coût du jugement, dit que les dépens ultérieurs seront à la
« charge de la partie qui y donnera lieu. »

Il est à remarquer que ce jugement mentionne un usage, dont les Commissions de 1855 et 1862 ne se sont pas occupées. Il est désirable que cette question soit examinée par la prochaine Commission, et qu'il soit établi, d'une manière précise, s'il y a dans le canton un usage concernant les droits des bergers sur les ventes de moutons faites pendant qu'ils sont au service des cultivateurs, quels sont ces droits, s'ils consistent dans le pot-de-vin en entier ou en une quotité proportionnelle à la durée du service.

## C

Une Commission composée de MM. Didace Faillant, membre de la Chambre de commerce, président; Albert Coffre, armateur; Éléonore Mulard, pilote; Louis Lelong, patron de pêche, membres, et L. Devot, secrétaire de la Chambre de commerce, présenta, le 1er juillet 1854, à la Chambre de commerce un *Rapport sur la pêche côtière en usage dans le canton de Calais*. Depuis vingt-six ans le mode et les conditions de l'armement ont fait des progrès. Les patrons sont devenus propriétaires de bateau, le droit de partage n'existe plus; le droit de minck, les frais de glace, l'augmentation du produit des pêches, ont profondément modifié les considérations de la Commission de 1854. A notre demande, un armateur compétent en cette matière, a bien voulu mettre le travail de la Commission et les chiffres indiqués par elle en harmonie avec l'état actuel des choses. Voici ce qu'il écrit sur l'armement de la pêche au châlut :

Les bateaux sont plus grands, ils sont aménagés pour la conservation du poisson au moyen de la glace, et le gain est, pour les équipages, un peu plus rémunérateur qu'autrefois.

Le prix de revient d'un bateau, muni de tous ses agrès de pêche, est de f. 20,000 environ.

Les patrons sont eux-mêmes propriétaires des bateaux, par suite des facilités qui leur sont accordées par les écoreurs et les fournisseurs de tout ce qui constitue l'armement.

Le poisson n'est plus étalé sur les quais et vendu de gré à gré. La vente est faite à la criée, dans le minck construit aux frais de la ville qui perçoit 1 p. 0/0 sur le montant brut des ventes.

Les frais de *portage* de 3 p. 0/0 perçus autrefois par les mareyeurs sur le montant de leurs achats, sont supprimés

Le *tangage*, qui se payait autrefois en nature, et qui a pour but de rémunérer les femmes de l'équipage de leurs soins au débarquement et à la vente du poisson, est prélevé maintenant sur le montant de la vente, en raison de l'importance de la pêche, et peut être évalué à 1 f. 50 p. 0/0.

De même pour l'*enfi* des mousses qui est aussi prélevé en espèces, sur le produit de la pêche, à raison de 1 f. 50 p. 0/0. — Ce prélèvement est remis par le patron à la mère du mousse, en même temps que la part lui revenant dans le partage du produit de la pêche.

La vente à la criée est faite par des femmes attachées au service de chaque écoreur (des veuves de marins en général); l'indemnité leur revenant est fixée par les femmes des patrons de pêche, suivant le montant de la vente, et peut être évalués à 0 f. 75 p. 0/0.

Le poisson est transporté au minck dans des voitures à bras dites *chariots*. Les frais de ce transport sont de 0 fr. 50 par voiture chargée sur les quais du bassin du Paradis et de la Colonne. Lorsque le poisson est débarqué le long de la jetée, à partir du magasin de la Société Humaine et au-delà, le transport est de 0 f. 75 par voiture.

Le gain de chaque bateau varie de 8,000 à 16,000 francs.

En prenant, pour moyenne, le chiffre de 12,000 francs, réparti sur cinquante marées, on établi comme suit le décompte d'une pêche :

| | | |
|---|---|---|
| Produit brut. . . . . . . . . . . . . . . . . . . | | Fr. 240 »» |
| *Frais à déduire :* | | |
| Écorage 5 p. 0/0. . . . . . . . . . . . . . | Fr. 12 »» | |
| (1) Droit de minck 1 p. 0/0. . . . . . . . . | 2 40 | |
| Voitures (5 à 0,50c). . . . . . . . . . . . | 2 50 | |
| Tangage 1 fr. 50 p. 0/0. . . . . . . . . . | 3 60 | |
| Enfi des mousses 1 fr. 50 p. 0/0. . . . . . | 3 60 | |
| Crieuses. . . . . . . . . . . . . . . . | 1 80 | |
| Bouticliage. . . . . . . . . . . . . . . | 6 »» | |
| 5 hommes à 0 f. 15. . . . . . . . . . . . | » 75 | |
| Glace. . . . . . . . . . . . . . . . . . | 12 »» | |
| | | Fr. 44 65 |
| Reste. . . | | Fr. 195 35 |
| La moitié pour le bateau. . . . . . . . . | | 97 65 |
| La moitié pour l'équipage. . . . . . . . . | | Fr. 97 70 |
| A déduire 1 p. 0/0 au profit de la Caisse de Secours en faveur des marins et de leurs familles. Cette retenue s'opère sur la part brute de l'équipage, c'est-à-dire sur la moitié du montant de la vente. Soit sur 120 francs. . . . | | Fr. 1 20 |
| Reste net à partager. . . . . . . . . . | | Fr. 96 50 |

(1) Ce droit n'est pas dû sur le montant des pêches expédiées, directement sur Paris et les autres marchés, sans passer par le minck. Les bourriches, confectionnées sur le quai, au sortir du bateau, sont transportées à la gare et expédiés en grande vitesse.

Entre 39 pièces, soit 2 fr. 47 par pièce.

| | | |
|---|---|---|
| Au patron, 7 pièces. | Fr. | 17 30 |
| 4 hommes, soit 24. | | 59 40 |
| Au novice, 5. | | 12 40 |
| Au mousse, 3. | | 7 40 |
| Somme égale. . . | Fr. | 96 50 |

Le gain de chaque homme est donc de 14 fr. 85, en moyenne, par marée — soit pour 50 marées, c'est-à-dire pour un an, 742 fr. 50.

A cette somme, il convient d'ajouter la gratification que le patron donne à chaque homme de l'équipage, gratification dont le chiffre varie suivant le mérite des matelots.

Le *ramendeur*, celui spécialement chargé de la réparation du châlut, reçoit de 6 à 10 francs par semaine; les autres hommes de 3 à 5 francs. Il s'ensuit que la part du bateau est grevée, de ce chef, d'environ 20 francs par semaine, soit 1040 francs par an.

Le patron propriétaire qui touche pour la part de son bateau, cinquante marées à 97 fr. 70 — soit 4,885 francs, a à sa charge :

1° Les 1,040 francs de gratification à l'équipage.

2° Toutes les fournitures et l'entretien d'agrès de pêche, de voiles, etc., etc.

La dépense annuelle d'entretien est fort variable, et dépend du plus ou moins *d'avaries* faites au cours de l'année. Il est donc difficile d'établir des chiffres exacts. Toutefois la moyenne peut être estimée de 3,000 à 4,000 francs. Au surplus, comme il a déjà été dit, le résultat dépend essentiellement du *gain* et des *avaries*, et tel bateau peut être gagné en quelques années ( 6 à 8 ans en raison de leur prix de revient très-élevé), tandis que tel autre ne l'est jamais. Il arrive, au contraire, que des bateaux, après plusieurs années de navigation, doivent beaucoup plus que leur valeur.

## D

Dans la pêche aux cordes, (merlan, bars, morues, raies et congres) le gain brut, annuel, est plus élevé que celui des bateaux au châlut, il atteint de 18.000 à 20,000 f. Mais les hommes fournissant les cordes, hameçons et amorces, leur gain est à peu près le même que celui des hommes embarqués sur les bateaux châlutiers.

## E

Une lacune existe dans les usages de la pêche maritime. Elle a été signalée à la suite d'une contestation survenue entre deux patrons de pêche. La solution donnée n'a pas l'autorité des usages constatés par une Commission instituée. Nous la reproduisons uniquement à titre d'indication, pour être consultée au besoin.

Il s'agissait, dans l'espèce d'une contestation pour ce qu'on appelle, au Courgain, association de quinzaine. L. et D. étaient convenus de s'associer pour quinze jours et de partager par moitié le produit de la vente de leur récolte. Partis tous deux le lundi 25 août, ils sont rentrés au port, L. le samedi 6 septembre, et D. le jeudi 11. Celui-ci avait été retenu plusieurs jours à Blankemberghe (Belgique), où il s'était réfugié en réparation d'avaries, et réclamait à L. une somme de 42 francs ponr différence d'une pêche que son associé ne portait pas en compte. L. s'y refusait, sous prétexte que la quinzaine, du 25 août au 6 septembre, était écoulée. D. soutenait que la quinzaine de pêche ne devait pas être calculée à la lettre, au point de vue étroit, mais qu'elle ne finissait que lorsque les associés étaient rentrés tous deux au port d'armement, y eût-t-il quelques jours de différence. Le juge-commissaire devant qui cette affaire fut renvoyée, et l'un des honorables avocats se livrèrent à une enquête officieuse près des armateurs-écoreurs, patrons de pêche et pilotes. L'avis recueilli est que la quinzaine d'association doit être envisagée comme le faisait D., et que tel est l'usage constant au Courgain, à la condition toutefois que l'écart entre les dates d'entrée des bateaux associés soit normal et n'ait rien d'exagéré. Cette solution nous paraît rationnelle, et il ne lui manque que la consécration légale.

## F

Dans sa séance du 2 juillet 1880, la Chambre de commerce a pris une délibération tendant à modifier ces délais, et le Préfet du Pas-de-Calais a pris, le 15 août, un arrêté ainsi conçu :

Le Préfet du Pas-de-Calais,

Vu l'article 12 de l'arrêté préfectoral du 24 août 1867, contenant règlement général pour la police du port de Calais ;

Vu l'arrêté préfectoral du 9 juillet 1868 fixant les délais accordés pour le chargement et le déchargement des navires ;

Vu la délibération de la Chambre de commerce de Calais du 2 juillet 1880 demandant la modification desdits délais ;

Vu le rapport de MM. les Ingénieurs des 20 et 22 juillet 1880 ;

ARRÊTE :

ART. 1er. — Tout chargement et déchargement des navires au port de Calais devra être terminé dans les délais ci-après qui comprennent les dimanches et jours fériés, savoir :

1° DÉCHARGEMENT.

*Navires à vapeur.*

| | |
|---|---|
| Jusqu'à 500 tonneaux | 8 jours. |
| De 501 à 1,000 tonneaux | 10 » |
| De 1,001 à 1,500 » | 12 » |
| De 1,501 tonneaux et au-dessus | 15 » |

*Navires à voiles.*

| | |
|---|---|
| Jusqu'à 100 tonneaux | 6 jours. |
| De 101 à 250 tonneaux | 8 » |
| De 251 à 500 » | 10 » |
| De 501 à 1,000 » | 12 » |
| De 1,001 à 1,251 » | 14 » |
| De 1,251 à 1,500 » | 15 » |
| De 1,500 et au-dessus | 20 » |

Les navires chargés de bois jouiront d'un délai supplémentaire de cinq jours, quel que soit leur tonnage.

2° CHARGEMENT.

*Navires à voiles et à vapeur.*

| | |
|---|---|
| Jusqu'à 500 tonneaux | 15 jours. |
| De 501 à 750 » | 17 » |
| De 750 tonneaux et au-dessus | 20 » |

Aussitôt le chargement terminé, tout navire devra prendre immédiatement son lest. Il lui est accordé pour l'opération du lestage quatre jours au maximum, et, ce temps écoulé, il devra quitter sa place à quai et sortir du bassin à flot si les officiers de port le jugent nécessaire.

Art. 2. — Les marchandises déchargées sur le quai sud du port d'échouage devront être placées avec ordre et signalées par des fanaux, de manière à ne point nuire à la circulation. Leur emplacement sera entretenu constamment propre par les soins du propriétaire ou du consignataire des marchandises. Elles devront d'ailleurs être déplacées et même enlevées à la première réquisition des officiers de port.

Art. 3. — Les officiers de port devront toujours intervenir pour déterminer les facilités que les navires devront s'accorder réciproquement.

Art. 4. — Le présent arrêté sera autorisé à partir du 1er septembre 1880.

Art. 5. — L'arrêté du 9 juillet 1867, ci-dessus visé, est rapporté.

Art. 6. — M. l'Ingénieur en chef du service maritime est chargé de l'exécution du présent arrêté, qui sera notifié à la Chambre de commerce de Calais par les soins de M. le Sous-Préfet de l'arrondissement de Boulogne.

## G

Lorsqu'un propriétaire d'usine loue à un fabricant l'emplacement et la force motrice, la remise et le congé ne sont valablement donnés qu'en prévenant six mois d'avance, pour le 15 mars ou le 15 septembre, et complétant l'année de location, à moins de conventions contraires.

Ainsi jugé par un Tribunal arbitral, suivant sentence du 7 avril 1862, dont la teneur suit :

Suivant compromis en double, en date du 31 mars 1862, MM. Jean-Marie Ridoux et Pierre Ridoux, fabricants de tulle à Saint-Pierre, associés, demeurant à Saint-Pierre-lès-Calais, d'une part;

Et M. Joseph Gaillard, fabricant de tulle, demeurant à Saint-Pierre-lès-Calais, d'autre part;

Ont nommé, d'un commun accord, pour statuer sur les fins reprises au dit compromis, M. Léon Noël, juge de paix du canton de Calais, arbitre président du Tribunal arbitral, avec mission de s'adjoindre deux arbitres de son choix.

Ce dernier a réclamé, aux fins dont s'agit, le concours de MM. Augustin Isaac, fabricant de tulle, domicilié à Calais, et Adolphe Mullié, aussi fabricant de tulle, à Saint-Pierre, qui ont bien voulu accepter cette mission.

Le Tribunal arbitral, ainsi constitué, a pris de nouveau lecture du compromis sus daté, et délibéré sur les moyens et considérations invoqués par M. Devot, avocat de MM. Ridoux, et M. Lebeau, avocat de M. Gaillard, à l'appui de leurs prétentions respectives.

Les arbitres réunis de nouveau ce jour 7 mars, au cabinet du juge de paix, ont été à l'unanimité de l'avis dont suit la teneur :

Considérant qu'un industriel qui loue un emplacement pourvu d'une force motrice le loue tout à la fois en vue des convenances spéciales de l'emplacement, lequel doit remplir des conditions particulières, et encore de la force motrice qui ne peut se concevoir sans la machine qui la met en mouvement;

Considérant qu'un métier à tulle n'est pas une chose ordinaire; que son emplacement et son déplacement nécessitent beaucoup de soins et d'embarras, et qu'un long travail préparatoire est indispensable pour la mise en œuvre;

Qu'un local pour cette destination est exceptionnel, ainsi que la force motrice qui en est plus que l'accessoire important, mais qui en est l'accompagnement obligé et la condition déterminante;

Que si le locateur ne court que le risque du préjudice de ne pas trouver de locataire, par le fait d'être averti de la remise seulement trois mois à l'avance, il y a lieu aussi en équité de renverser l'hypothèse de la supposition et d'apprécier quelle pourrait être la condition du locataire, s'il était soumis à un congé donné dans un délai aussi rapproché;

Qu'il faut admettre qu'un locataire ait à placer ou à déplacer cinq ou six métiers, aussi bien que deux ou trois; que, dans ce cas, il serait bien impossible d'avoir le délai utile pour chercher et trouver le local spécial et la force motrice s'y adaptant;

Que, sans doute, les parties sages et prudentes devraient toujours arrêter par écrit les conditions qui ont force de loi entre les parties contractantes;

Mais qu'à défaut de convention et eu égard à la nature toute particulière de l'objet de la location, il faut déclarer, tout à la fois dans l'intérêt de l'industrie et de la propriété, qu'il ne suffit pas d'un délai de trois mois pour rompre l'engagement;

Qu'il y a lieu de considérer comme indispensable un délai de six mois; mais que ce délai est suffisant (sauf ce qui va être dit pour son application) et qu'on ne peut admettre en usage l'obligation de se prévenir dans un délai plus long;

Que hors les terres soumises à la tierce-sôle, il n'y a pas de location qui soit faite de plein droit pour trois ans, et qu'il n'en est ainsi, dans ce cas particulier, que pour laisser au fermier la faculté d'avoir, dans le roulement de l'assolement, la jouissance de chaque tiers faisant partie de la chose louée;

Mais qu'en matière de location d'emplacement et de force motrice, pour les métiers, la jouissance est pleine et entière et sans exception, aussitôt la mise en œuvre établie; qu'il n'y a donc à prendre en considération que le délai utile que cette mise en œuvre nécessite;

Considérant qu'on ne peut, en règle d'usage, soumettre ce congé à un délai plus long que ceux consacrés généralement, et notamment à Paris, aux locations les plus importantes, telles qu'une maison entière, un magasin ou une boutique, dont peut dépendre la fortune ou l'avenir d'un commerçant;

Considérant qu'il y a lieu d'appliquer par analogie le principe de l'article 1758 et de décider qu'une location, faite, comme dans l'espèce, à tant par an, est réputée faite pour l'année;

Considérant enfin que, dans l'intérêt commun du locateur et du locataire, il convient d'admettre que, dans tous les cas et quelle que soit la date de l'entrée en jouissance, le congé et la remise ne peuvent être donnés que pour le 15 mars ou le 15 septembre suivant, au moins à six mois de distance et complétant l'année de location;

Par ces motifs, après en avoir délibéré, le Tribunal arbitral dit que la prétention de Ridoux frères de rompre l'engagement après un avertissement donné seulement trois mois à l'avance n'est pas fondée;

Dit également que Gaillard n'est pas fondé à prétendre que l'engagement dont s'agit emporte de plein droit un délai de trois ans;

Fixe à six mois le délai utile pour l'avertissement réciproque et à la condition que cet avertissement sera donné pour le 15 mars ou le 15 septembre, complétant l'année commencée;

En conséquence dit et ordonne que la remise signifiée par Ridoux frères à Gaillard suivant exploit de Fasquel, huissier à Calais, en date du 10 mars dernier, n'est bonne et valable, et ne peut avoir d'effet que pour le 15 septembre prochain;

Autorise Ridoux frères à quitter les lieux pour la dite époque; déclare Gaillard mal fondé à plus prétendre; compense les dépens par moitié entre les parties;

Le tribunal de commerce de Calais s'est prononcé dans le même sens et dans une affaire analogue, par un jugement du 8 septembre 1863. Cette question étant d'une extrême importance pour la fabrique de tulle, nous la reproduisons en entier. La question de compétence est étrangère à ce recueil, mais la solution peut être utile à connaître dans un cas donné.

## **Brepson** *contre* **Walker.**

Vu la demande introductive d'instance;

Vu les lois des 17 avril 1832 et 13 décembre 1848, relatives à la contrainte par corps (1);

Ouï les parties et leurs conseils dûment autorisés en leurs dires et conclusions;

Attendu que Brepson demande que le congé qu'il a fait signifier à Walker de sa partie d'atelier, que celui-ci occupe de lui, soit déclaré valable et exécuté;

Que Walker soit condamné en outre à lui payer les loyers échus, montant à 940 f;

Attendu 1° que Walker décline la compétence du Tribunal; — 2° qu'il repousse comme hâtive l'époque du congé donné; — 3° qu'il conteste l'exactitude du chiffre des loyers échus;

*Sur la compétence :*

Considérant que les tribunaux de commerce connaissent de toutes contestations relatives aux engagements et transactions entre négociants et marchands; que la loi répute acte de commerce tout achat de marchandises pour les revendre brutes ou fabriquées; que le louage des choses peut être aussi un acte de commerce;

Considérant que Brepson et Walker sont tous deux fabricants de tulle; que Brepson a donné en location à Walker une portion d'atelier pour y loger les métiers à tulle du preneur, avec obligation de lui fournir la force motrice;

Considérant que ces transactions, communes dans la fabrique, en suivant les progrès de la fabrication et obéissant à ses exigences, ont pour principal motif de remplacer le travail des bras par l'action d'une mécanique et sa vapeur;

Considérant qu'une telle convention est une opération entièrement commerciale, que la fourniture du local n'y entre que pour une faible partie; que le bâtiment, en ces sortes d'affaires, n'est considéré que sous les rapports des convenances commerciales et seulement comme accessoire de la force motrice, que la force motrice, au contraire, est considérée comme l'élément nécessaire et indispensable pour le travail des métiers;

Que s'il faut reconnaître que les deux locations d'atelier et de force motrice peuvent être séparées, il n'en est pas moins certain qu'ayant lieu ensemble, la force motrice forme l'objet principal et caractéristique de la convention, et comme telle devant être considérée comme ayant un caractère commercial par cette raison que le locateur a spéculé sur un profit à retirer d'un combustible et de l'installation de la machine;

Que le locataire a surtout en vue la force motrice nécessaire à son industrie, et ne considère le local que comme un moyen d'obtenir cette force;

Qu'il est bon de faire une grande différence entre un bail souscrit pour une maison d'habitation aux fins civiles, c'est-à-dire devant loger une famille, et où se passera la vie commune, d'avec le bail d'un établissement exclusivement commercial;

Que tout, dans la cause, démontre que les parties n'ont entendu et n'ont en effet conclu qu'une convention commerciale; que prise dans ce sens, et abstraction faite des termes en usage de bail, de loyer, etc., la question se résout à l'interprétation d'un contrat de louage et d'un marché de force motrice dont la connaissance appartient aux tribunaux consulaires;

(1) Abolie par la loi du 22 juillet 1867.

*Sur l'époque du congé*:

Considérant que par exploit de ministère d'huissier, en date du 14 mars dernier, Brepson a donné congé à Walker pour le 15 septembre;

Considérant que le bail de Walker est verbal; qu'il résulte d'un procès-verbal d'usage établis dans le canton de Calais du 21 nivôse an XIII, (11 janvier 1805), que lorsqu'un bail sans écrit concerne un appartement ou partie de maison, un magasin, le congé donné trois mois à l'avance est valable;

Qu'il résulte, en outre, d'un jugement arbitral, rendu sous la présidence de M. le juge de paix du canton de Calais, dans une affaire identique, que dans l'espèce il y a lieu d'appliquer les principes de l'article 1758 du Code civil, et de décider qu'une location faite à tant par an est réputée faite pour l'année;

Que, quelle que soit la date de l'entrée en jouissance, le congé et la remise ne peuvent être donnés que pour le 15 mars ou le 15 septembre suivant, au moins à six mois de distance;

Considérant qu'il résulte des explications données à l'audience que le bail intervenu entre les parties était payable par trimestre; qu'il résulte également de ces explications que la société *Walker et Messe*, première locataire, ayant cessé d'exister fin août 1862, et les métiers n'ayant pas bougé, Walker a continué les affaires et le bail;

Que les loyers dus par la société *Walker et Messe*, ayant été payés jusqu'au 31 août, il est rationnel de les faire courir du lendemain 1er septembre 1862; que par conséquent l'année s'est terminée le 31 août 1863;

Considérant qu'en donnant congé à Walker pour le 15 septembre, Brepson s'est conformé à l'usage constaté par le procès-verbal du 11 janvier 1805 et par celui établi par la sentence arbitrale sus-citée;

*Sur le chiffre des loyers.* :

Considérant que de l'examen des pièces à l'appui du compte présenté par Brepson et de l'audition des parties il résulte pour le Tribunal que ce compte est bien établi;

Par ces motifs, après en avoir délibéré conformément à la loi, le Tribunal se déclare compétent; et statuant au fond dit que le congé donné par Brepson à Walker est valable; ordonne en conséquence à Walker de laisser libres et vagues les lieux loués pour l'époque sus-indiquée du 15 septembre, autorise Brepson à l'expulser à ladite époque, en remplissant les formalités prescrites par la loi; condamne Walker, même par corps, à payer à Brepson, avec intérêts selon droit, la somme de 940 francs pour loyer de son atelier et fourniture de la force motrice, et aux dépens.

TRIBUNAL DE COMMERCE DE CALAIS

# RECUEIL

DE

# JURISPRUDENCE

## COMMERCIALE ET MARITIME

CONTENANT :

1° — Les principaux jugements de ce siège depuis 1850;
2° — Les arrêts prononcés sur appel;
3° — La reproduction des dessins de fabrique visés dans les procès de contrefaçon.
4° — Une étude inédite sur la loi du 18 mars 1806 (propriété des dessins de fabrique).
5° — L'exposition des principes de la fabrication du tulle (texte et dessins).

Cet ouvrage, dont le manuscrit est terminé, formera deux volumes d'environ 400 pages chacun, in-8° raisin. Il traite des questions maritimes et commerciales, *abordages, avaries, affrètements, banque, capitaine, commissionnaire, compétence, convention, jours de planche, société, transport, vente,* etc. L'éditeur a complété ce recueil par la reproduction, (en blanc sur fond bleu) des dessins de fabrique qui ont donné lieu aux poursuites en contrefaçon dont le Tribunal a connu.

Cette publication n'est pas une spéculation. Il ne sera tiré que le nombre d'exemplaires retenus par les souscripteurs, et le manuscrit ne sera imprimé que si l'éditeur recueille un minimum d'adhésions de 200.

Le prix sera de **20 à 25 fr.** pour les deux volumes.

Des formules de souscription seront adressées aux personnes qui en feront la demande à *M. le Directeur de l'Imprimerie des Orphelins, quai de l'Est, 12, à Saint-Pierre.*

TRIBUNAL DE COMMERCE DE CALAIS

# RECUEIL

DE

# JURISPRUDENCE

## COMMERCIALE ET MARITIME

CONTENANT :

1° — Les principaux jugements de ce siége depuis 1850;

2° — Les arrêts prononcés sur appel;

3° — La reproduction des dessins de fabrique visés dans les procès de contrefaçon.

4° — Une étude inédite sur la loi du 18 mars 1806 (propriété des dessins de fabrique).

5° — L'exposition des principes de la fabrication du tulle (texte et dessins).

Cet ouvrage, dont le manuscrit est terminé, formera deux volumes d'environ 400 pages chacun, in-8° raisin. Il traite des questions maritimes et commerciales, *abordages, avaries, affrètements, banque, capitaine, commissionnaire, compétence, convention, jours de planche, société, transport, vente,* etc. L'éditeur a complété ce recueil par la reproduction, (en blanc sur fond bleu) des dessins de fabrique qui ont donné lieu aux poursuites en contrefaçon dont le Tribunal a connu.

Cette publication n'est pas une spéculation. Il ne sera tiré que le nombre d'exemplaires retenus par les souscripteurs, et le manuscrit ne sera imprimé que si l'éditeur recueille un minimum d'adhésions de 200.

Le prix sera de **20** à **25 fr.** pour les deux volumes.

Des formules de souscription seront adressées aux personnes qui en feront la demande à *M. le Directeur de l'Imprimerie des Orphelins, quai de l'Est, 12, à Saint-Pierre.*

www.ingramcontent.com/pod-product-compliance
Ingram Content Group UK Ltd.
Pitfield, Milton Keynes, MK11 3LW, UK
UKHW032005260826
14628UKWH00005B/2279

9 782013 358712